Inhalt

Branchenreport BANKEN Ausgabe 1/2014

Branchenreport BANKEN Ausgabe 1/2014

Andreas Menzen

Kernthesen

- Noch in diesem Jahr wird die Bankenunion in Kraft treten. Eingeläutet wird die neue Phase der europäischen Bankenregulierung gerade durch eine von der Europäischen Zentralbank vorgenommene Bilanzprüfung und einen anschließenden Stresstest.
- Die deutschen Geldhäuser sind auf ihrem Konsolidierungskurs gut vorangekommen. Gleichwohl ist fraglich, ob alle deutschen Banken das Szenario bestehen werden.
- Insgesamt gesehen befindet sich der deutsche Kreditsektor gerade in einer schwierigen Phase. Die Deutsche Bank und

der größte Teil der Landesbanken haben erhebliche Probleme.

- Positive Signale kommen von den Sparkassen und aus dem Genossenschaftssektor. Auch die Förderbanken stehen gut da.

Beitrag

Der deutsche Bankenmarkt

Die deutschen Kreditinstitute stehen im Jahr 2014 vor großen Herausforderungen. Zum einen gelten seit diesem Jahr die neuen Eigenkapitalrichtlinien von Basel III, zum anderen tritt die Bankenunion in Kraft. Dies bedeutet, dass die Europäische Zentralbank (EZB) die Aufsicht über die 128 größten Banken der Eurozone übernehmen wird. Da die EZB wissen will, womit sie es zu tun bekommt, wird jedes Bankhaus zunächst einer Bilanzprüfung unterzogen, an die sich ein - diesmal strenger und darum aussagekräftigerer - Stresstest anschließt. Der noch von der Europäischen Bankenaufsichtsbehörde EBA im Jahr 2011 durchgeführte letzte Stresstest gilt heute als Fehlschlag, da er beispielsweise den zyprischen Banken eine gute Verfassung attestierte - die jedoch nur kurze Zeit später vor der Pleite standen und gerettet werden mussten. Das neue Szenario setzt die Messlatten daher deutlich höher. So wird diesmal eine Negativentwicklung unterstellt, bei der die Wirtschaftsleistung in der Europäischen Union um gleich sieben Prozentpunkte zurückbleibt. Beim Stresstest 2011 waren es drei Prozentpunkte weniger. Auch in Deutschland ist bei einigen Banken keineswegs sicher, dass sie die Vorgaben der EZB erfüllen können. Die Prüfung, die wegen ihrer Genauigkeit schon als Banken-Tüv bezeichnet wird, ist gerade im Gange und hält die Kreditinstitute in Atem.

Auf der Bilanzseite zeigen die deutschen Banken ein uneinheitliches Bild. Zwar kann allen Instituten attestiert werden, dass sie beim Abbau von Risiken und bei der Kapitalisierung große Anstrengungen unternehmen. Gleichwohl kämpfen gerade Deutschlands größte Banken mit erheblichen Problemen. So hat die Deutsche Bank 2013 mit 1,1 Milliarden Euro zwar einen stattlichen Gewinn erzielt, Analysten hatten aber mit drei Milliarden Euro gerechnet. Darüber hinaus wird Deutschlands ehemalige Vorzeigebank nach wie vor von gewaltigen Kosten gedrückt, die durch die Begleichung früherer Vergehen anfallen - wie die windigen Hypothekengeschäfte in den USA und die Manipulation europäischer Referenzzinssätze. Deutschlands zweitgrößtes Finanzinstitut, die

Commerzbank, hat 2013 schwarze Zahlen erwirtschaftet, gilt bei der Bilanzprüfung aber dennoch als Wackelkandidat.

Zwiespältig ist das Bild, das die Landesbanken derzeit abgeben. Während die südlichen Institute sehr ordentliche Zahlen präsentieren, bestehen bei den nordischen Landesbanken einige Zweifel, ob sie den Bilanztest der EZB bestehen werden. Keine besonderen Vorkommnisse melden die Sparkassen sowie die Volks- und Raiffeisenbanken.

Das größte Kopfzerbrechen bereitet einigen Instituten damit die Bankenunion. Sie besteht aus der im Herbst beginnenden Beaufsichtigung systemrelevanter Banken Europas durch den der EZB zugeordneten Single Supervisory Mechanism (SSM), zweitens einem Abwicklungsmechanismus für insolvente Banken (SRM) und aus verpflichtenden Bestimmungen zur Einlagensicherung. Die Bilanzprüfung der EZB ist derzeit voll im Gange, der Stresstest wird noch in diesem Sommer vorgenommen.

Insgesamt nimmt die EZB fast 130 europäische Banken unter die Lupe, rund 85 Prozent der Bilanzsumme aller europäischen Banken stehen damit auf dem Prüfstand. Verlangt wird von den Aufsehern eine harte Kernkapitalquote von acht Prozent, von denen nach dem Stresstestszenario noch 5,5 Prozent übrig bleiben müssen. Derzeit soll die harte Kernkapitalquote der systemrelevanten Banken bei 11,85 Prozent liegen, 2012 waren es nur 10,77 Prozent. Dies zeigt, welche Anstrengungen die deutschen und europäischen Banken unternehmen, um die Prüfung und den Stresstest zu bestehen. So haben alleine die 20 größten Banken in Europa 2013 71,5 Milliarden Euro als Absicherung für faule Kredite zurückgelegt. Die Einschätzungen der Experten für den Ausgang der Prüfung sind widersprüchlich. Während viele Experten für das Gros der Banken keine Probleme sehen, gehen andere von fehlenden Eigenmitteln in dreistelliger Milliardenhöhe aus.

Zu den deutschen Wackelkandidaten bei der Erfüllung der SSM-Vorgaben gehört die mit Staatshilfen gerettete Commerzbank. Bei der Sanierung der Bank werden zwar Fortschritte erzielt, gleichwohl sehen Analysten große Risiken bei Deutschlands Nummer zwei. Bei einem von der Investmentbank Keefe, Bruyette & Woods kürzlich durchgeführten Stresstest hatten die 20 größten Banken der Eurozone bestanden - bis auf die Commerzbank. Wanken könnten auch die HSH Nordbank und die Nord/LB, die sich mit Schiffsfinanzierungen übernommen haben und die nach wie vor darunter leiden, dass die internationale Handelsschifffahrt seit der Finanzkrise in der Krise steckt. Die Deutsche Bank soll angesichts der scharfen Richtlinien über eine erneute

Kapitalerhöhung nachdenken, obwohl sie erst im letzten Jahr auf diesem Weg weitere drei Milliarden Euro eingesammelt hatte. Auch diese Reaktion zeigt, wie sehr der EZB-Test die deutschen Großbanken unter Druck setzt. Banken, die den Stresstest nicht bestehen, bekommen jedoch neun Monate Zeit, um die Kapitallücke aufzufüllen. Wer schon beim Bilanztest schlecht abschneidet, darf sich hierfür nur sechs Monate Zeit lassen.

Sorgen bereitet den Instituten auch der zweite Pfeiler der Bankenunion, der Abwicklungsmechanismus SRM (Single Resolution Mechanism). Er soll dazu dienen, zukünftige Pleitebanken abzuwickeln, ohne dafür auf Steuergelder zurückgreifen zu müssen. Hierfür soll der Abwicklungsfonds von den Banken selbst bis 2025 mit stattlichen 55 Milliarden Euro befüllt werden. Wie die neuerliche Zahlungspflicht der Banken mit der bereits erhobenen Bankenabgabe verrechnet wird, ist noch unklar. Die Bankenabgabe ist eine nationale Maßnahme nur in Deutschland, die den Banken bereits einiges abverlangt. Sparkassen und Volksbanken sind darum nicht bereit, auch noch in den europäischen Abwicklungsfonds einzuzahlen, da dieser ihrer Ansicht nach ohnehin nur von risikoreich agierenden Geschäftsbanken, nicht aber von regionalen Bankinstituten in Anspruch genommen werden wird. Der SRM muss damit politisch noch durchgesetzt werden, wird den Banken jedoch in jedem Fall hohe Kosten aufbürden.

Derzeit etwas in den Hintergrund gerückt sind die seit Januar geltenden zusätzlichen Regulierungsbestimmungen von Basel III. Kernpunkt der Richtlinien ist wieder die Höhe des vorzuhaltenden Kernkapitals, so dass Basel III mit den Anforderungen der Bankenunion korrespondiert. Nach Expertenmeinung schlagen sich die deutschen Banken bei der Befolgung der - übrigens erst ab 2019 voll gültigen - Basel III-Bestimmungen sehr gut. Viele Banken erfüllen die Bestimmungen schon jetzt.

Zusammengefasst befinden sich die deutschen Banken damit immer noch in einer komplizierten Lage. Nach wie vor belasten die niedrigen Zinsen das Geschäft, zugleich werden die Kosten für die Umsetzung nationaler und EU-weiter Regulierungsbestimmungen immer mehr. Zudem wirken die Belastungen aus dem Finanzcrash 2008/2009 auch heute noch bei vielen Instituten - zu nennen sind die Commerzbank als auch die nordischen Landesbanken - immer noch stark nach. Da passt es ins Bild, dass dem deutschen Kreditsektor in den letzten zwei Jahren auch noch sein Flaggschiff weggefallen ist. Die Deutsche Bank ist ihren früheren Ruf als Branchenprimus infolge ihrer vielfältigen - und teuren - Rechtsbrüche sowie ihrer chronischen Kapitalknappheit wohl noch auf einige Zeit los. (1), (2), (3)

Unternehmen im Markt

Dem angeschlagenen Vorzeigeinstitut **Deutsche Bank** haben die aus mannigfachen Rechtsbrüchen resultierenden Kosten wie schon 2012 auch im vergangenen Jahr die Bilanz verhagelt. 2012 blieben vom Milliardengewinn infolge der notwendigen Rückstellungen zur Begleichung der früheren Vergehen nur 315 Millionen Euro übrig, im vergangenen Jahr waren es 1,1 Milliarden Euro. Dies sieht nach einem beachtlichen Gewinnsprung aus, erwartet worden waren aber drei Milliarden Euro. Insbesondere war es das letzte Quartal 2013, das den Gewinn schmälerte, denn von Oktober bis Dezember musste die Bank ein Minus von einer Milliarde Euro verzeichnen. Nach wie vor sind es fast fünf Milliarden Euro, die die Deutsche Bank für kommende Rechtsvergleiche zurückgelegt oder schon bezahlt hat. Fast eine Milliarde Euro muss die Deutsche Bank an die Erben des verstorbenen Medienmoguls Leo Kirch überweisen, 1,4 Milliarden Euro werden für die Begleichung des früheren Handels mit US-Ramschhypotheken fällig, 700 Millionen Euro müssen die Frankfurter für die Manipulation der europäischen Referenzzinssätze berappen.

Dass der enorme Aderlass die Kapitalbasis der Deutschen Bank angreift, ist darum kein Wunder. Schon im letzten Jahr wurde daher eine

Kapitalerhöhung vorgenommen, die dem Institut drei Milliarden Euro einbrachte. Trotz des massiven Bilanzumbaus leidet die Deutsche Bank jedoch weiter unter Kapitalarmut, was sich auch auf die für die Bilanzprüfung und den Stresstest wichtige Kernkapitalquote auswirkt. Diese sank im ersten Quartal 2014 leicht auf 9,5 Prozent und liegt damit nur knapp über der Anforderung der EZB von acht Prozent. Experten sehen die Deutsche Bank darum unter Zugzwang, noch einmal neue Aktien auszugeben und so das Kapitalniveau um mindestens fünf Milliarden Euro anzuheben.

Das Fazit fällt darum ernüchternd aus. Deutschlands größte Bank wird sich noch lange mit ihren früheren Rechtsverfehlungen herumschlagen müssen, der Weg zurück an die Spitze ist noch weit. (4), (5), [Abb. 1]

Als größter Wackelkandidat für die EZB-Bilanzprüfung gilt die **Commerzbank**. Das Institut hat 2013 zwar einen bescheidenen Gewinn von 78 Millionen erreicht, steht aber weiter im Verdacht, für den Stresstest nicht gewappnet zu sein. Dem hält der Vorstand die in der Tat erfreuliche Entwicklung des Kernkapitals entgegen. So ist die Quote im vergangenen Jahr von 7,6 Prozent auf neun Prozent angestiegen und hat damit einen Wert erreicht, der eigentlich erst für 2016 anvisiert worden war. Viel zu tun hat die Bank jedoch weiterhin mit der Bewältigung der aus der Finanzkrise resultierenden

Folgen. So beträgt das Portfolio der Bad Bank noch immer 116 Milliarden Euro. Zu attestieren sind der Commerzbank damit zusammenfassend einige Erfolge beim Weg zurück in die Normalität, doch geht es derzeit nur in Trippelschritten vorwärts. (6), [Abb. 2]

Sterne am deutschen Bankenhimmel sind die **Förderbanken**. An ihrer Spitze steht die **Kreditanstalt für Wiederaufbau (KfW)**, die sich in den letzten Jahren unter die Top-3 der größten deutschen Banken geschoben hat. Die zweite Förderbank des Bundes ist die Landwirtschaftliche Rentenbank, hinzu kommen 16 Förderbanken der Länder. Die gesamte Gruppe genießt weiterhin eine vollumfängliche Staatshaftung, kann sich darum günstig refinanzieren und beschränkt sich überdies auf ein risikoarmes und dennoch auskömmliches Geschäftsmodell, bei dem die Finanzierung von Projekten im Vordergrund steht, die von öffentlichem Interesse sind. Alle 18 Förderbanken betreiben ein seriöses Geschäft, sehen in Renditen kein primäres Ziel, kommen darum ohne Bilanzskandale aus und erweisen sich immer als wichtige Stützpfeiler der Realwirtschaft.

Die KfW hat für 2013 einen deutlich gesunkenen Konzerngewinn gemeldet, bleibt aber mit 1,3 Milliarden Euro eine der ertragsstärksten Banken Deutschlands. 2012 hatte der Gewinn noch bei 2,4

Milliarden Euro gelegen, war also doppelt so hoch. Die Bank sorgt sich über diese Entwicklung jedoch nicht und spricht von einer wichtigen Normalisierung. Verursacht wurde das Rekordergebnis des Jahres 2012 demnach durch einen Sondereffekt infolge der sinkenden Zinsen, der 2013 nicht noch einmal anfiel. In den drei Vorjahren hatte der Konzerngewinn jeweils mehr als zwei Milliarden Euro betragen.

Die KfW bietet damit das höchst seltene Beispiel einer Bank, die mit einer Gewinnhalbierung zufrieden ist. Der Rückgang wird auch darum begrüßt, weil die Rekordgewinne der Förderbank in den letzten Jahren wachsende Begehrlichkeiten beim Bundesfinanzminister weckten. Derzeit ist eine gesonderte Abführung an die Staatskasse jedoch vom Tisch. (7), [Abb. 3]

Ein zerrissenes Bild bieten die deutschen **Landesbanken**. Gut stehen nur die **Landesbank Hessen-Thüringen (Helaba)** und die **Landesbank Baden-Württemberg (LBBW)** da, die anderen Landesbanken haben Probleme. Besonders ins Schwimmen sind die nordischen Landesbanken geraten. **HSH Nordbank**, **Nord/LB** und die **Bremer Landesbank** kämpfen immer noch mit Schiffskrediten, die wegen des gesunkenen Welthandels nicht zurückgezahlt werden. Hauptsorgenkind ist weiterhin die HSH Nordbank, die für 2013 einen Verlust von satten 814 Millionen Euro verbuchen musste. Bei der Nord/LB stand am Ende des Vorjahres wenigstens ein kleiner Gewinn in den Büchern; gleichwohl gehören die beiden Institute zu den ersten Kandidaten, die beim Stresstest der EZB nach Ansicht von Analysten mit einem Scheitern rechnen müssen.

Noch immer zu kämpfen hat auch die während der Finanzkrise von den bayerischen Steuerzahlern mit zehn Milliarden Euro gerettete **BayernLB**. Die Bank erlitt im letzten Quartal 2013 einen Verlust von einer halben Milliarde Euro, der insbesondere durch die ungarische Tochter MKB verursacht worden sein soll. Der Gewinn schmälerte sich so auf 124 Millionen Euro und fiel damit 80 Prozent niedriger aus als 2012. Die **Saar-LB** meldete für das vergangene Jahr einen auf 30 Millionen Euro halbierten Gewinn. Ein desaströses Ergebnis hat 2013 auch die **Berliner Landesbank** erzielt, die allerdings seit diesem Jahr nur noch als bloße Sparkasse firmiert. Der 2013 eingefahrene Verlust beträgt 191 Millionen Euro.

Helaba und LBBW bleiben damit aktuell die einzigen Leuchttürme im sonst tristen Landesbankensektor. 510 Millionen Euro betrug der Gewinn der Helaba im letzten Jahr, bei der LBBW waren es 471 Millionen Euro. (8), (9)

Auf ein erfolgreiches Jahr 2013 blicken hingegen die **Sparkassen** zurück. Die Institute mit dem roten S erzielten ein Vorsteuerergebnis, das exakt auf dem sehr guten Niveau des Vorjahres lag. 4,4 Milliarden Euro abzüglich der Steuern in Höhe von 2,3 Milliarden Euro bedeuten einen Gewinn von 2,1 Milliarden Euro. Die Sparkassen zeigen damit, dass sie ihr Retailgeschäft auch in Zeiten niedriger Zinsen erfolgreich betreiben können. Schwer im Magen liegt der Gruppe indessen der europäische Abwicklungsfonds, für dessen Befüllung mit 55 Milliarden Euro auch die Sparkassen herangezogen werden sollen. Hiergegen wehrt sich die Gruppe - gemeinsam mit den Volksbanken - vehement, wird aber um eine Beteiligung vermutlich nicht herum kommen. (11), [Abb. 4]

Wie die Sparkassen haben auch die **Genossenschaftsbanken** 2013 ihr Top-Ergebnis aus dem Vorjahr noch einmal bestätigen können. Der aus Volks- und Raiffeisenbanken, Sparda- und PSD-Banken bestehende Verbund erreichte wiederum einen Vorsteuergewinn von 7,3 Milliarden Euro. Nach Steuern bleiben hiervon 2,6 Milliarden Euro übrig, die im Vorjahresvergleich einen Zuwachs um 15,1 Prozent bedeuten. 364 000 Neukunden zeigen ebenfalls, dass die Renaissance der Genossenschaftsidee nach wie vor anhält. (12)

Einen Rekordgewinn hat für 2013 auch das Spitzeninstitut der Genossenschaftsbanken, die **DZ Bank**, gemeldet. Gleich um zwei Drittel kletterte im vergangenen Jahr der Vorsteuergewinn, so dass am Ende 2,2 Milliarden Euro zu Buche standen. Nach Steuern blieben 1,47 Milliarden Euro, so dass neben der KfW nun auch die DZ Bank höhere Gewinne präsentieren kann als der einstige Primus Deutsche Bank. (13)

Nicht ganz so gut steht das zweite Spitzeninstitut der Kreditgenossen da, die **WGZ Bank**. Hier betrug der Jahresüberschuss 2013 306 Millionen Euro, unter dem Strich blieben 227 Millionen Euro. Im Vorjahr hatte die Bank mit 551,6 Millionen Euro beziehungsweise 380,7 Millionen Euro Rekordmarken erzielt. Wie die Deutsche Bank sieht sich auch die WGZ durch den anstehenden Stresstest in der Pflicht, ihre Kapitalbasis zu stärken. Mit den neuen Aktien sollen 300 Millionen Euro frisches Geld eingesammelt werden. (14)

Weiterhin über viel Zuspruch - das heißt Neukunden - können sich die **Bausparkassen** freuen. Insgesamt wurden 2013 3,5 Millionen neue Bausparverträge mit einem Volumen von 106,1 Milliarden Euro unter das Volk gebracht. Dieses Ergebnis bedeutet den zweithöchsten je erreichten Wert. Nur 2003 war mit einem Volumen von 106,5 Milliarden Euro ein höheres Ergebnis erreicht worden. Die zehn Bausparkassen der Sparkassen (LBS) und die 15 privaten Bausparkassen profitieren damit von den niedrigen Zinsen, die die Kunden vermehrt in Immobilien investieren lassen. Die Entwicklung bereitet den Bausparkassen jedoch auch Sorgen. Sie könnten in beträchtliche Schwierigkeiten geraten, wenn die Zinsen in den nächsten Jahren wieder steigen und die Kunden dann massenhaft ihre Bauspardarlehen in Anspruch nehmen wollen. (15)

Internationaler Bankenmarkt

In **Europa** ist die Situation der Geldhäuser nach wie vor schwierig. Die niedrigen Zinsen lasten auf den Erträgen, darüber hinaus gilt der europäische Bankenmarkt unverändert als overbanked. Die große Zahl von Banken befindet sich in einem scharfen Wettbewerb, der die Margen drückt, zudem müssen die Institute gerade in diesem Jahr eine Vielzahl neuer Regulierungsbestimmungen umsetzen. Insbesondere im Vergleich mit den USA zeigt sich, dass der europäische Bankenmarkt noch immer zu wenig konsolidiert ist. Während in den USA seit der Finanzkrise 500 marode Geldhäuser abgewickelt wurden, waren es auf dem alten Kontinent gerade einmal 40. Die Bilanzprüfung durch die EZB und der anschließende Stresstest machen die Branche daher zu recht nervös. Viele Experten hoffen, dass die Bankenunion dazu führen wird, nun auch in Europa die Spreu vom Weizen zu trennen. (1), (3)

Laut einer aktuellen Studie haben die **US-Banken**

die Folgen der Finanzkrise deutlich besser überwunden als ihre europäischen Wettbewerber. Dies zeigt sich auch an der weitaus höheren Profitabilität der amerikanischen Banken. So haben die zehn größten US-Banken 2013 einen Nettogewinn von sagenhaften 157 Milliarden Euro erzielt, während es bei den zehn europäischen Top-Banken gerade einmal 20 Milliarden Euro waren. Zudem gelten die US-Banken als weitgehend frei von Altlasten, was für einige große deutsche Banken - wie die Commerzbank und die Rechtsnachfolgerin der Hypo Real Estate - bis heute nicht gilt. Viele europäische Banken, darunter die deutsche Bank, müssen ihre Bilanzsummen schrumpfen, um die geforderte Eigenkapitalquote zu erreichen. Der als Leverage Ratio (LR) bezeichnete Wert aus dem Eigenkapital im Verhältnis zur Bilanzsumme ist Bestandteil von Basel III und wird den Geldhäusern - auch den amerikanischen - eine Verschuldungsgrenze auferlegen. Gleichwohl zeigt sich gerade, dass die US-Banken ihre Bilanzsummen stark ausweiten, während die Europäer zur Reduzierung gezwungen sind. (16)

Chinas Kreditsektor steht weiterhin unter Verdacht, auf einer Blase fauler Kredite zu sitzen. Darüber hinaus betreiben die Banken Geschäfte außerhalb der Bilanzen, die zu einem riesigen Schattenbankensektor geführt haben. Treuhandfonds (Trusts) und so genannte Wealth-Management-Produkte (WMP) werden in großen Volumen auf den Markt geworfen, sind dabei aber so intransparent und komplex, dass einige Experten in ihnen schon den Ausgangspunkt für eine neuen Weltfinanzkrise sehen - die dann von China ausgelöst werden würde.

Zugleich gibt es jedoch auch einen offiziellen Bankenmarkt, der kürzlich einem Stresstest unterzogen wurde. Das am Jahresende 2013 von der chinesischen Zentralbank entworfene Szenario hatte zum Ergebnis, dass Chinas Großbanken über genügend Kapitalreserven verfügen, um einen Konjunkturabsturz - der von einigen Volkswirten bereits prognostiziert ist - unbeschadet zu überstehen. Auch die Bilanzen zeugen von einem gesunden Großbankensektor im Reich der Mitte. Demnach verzeichnen die Institute weiterhin Gewinnanstiege, die allerdings nicht mehr so üppig ausfallen wie noch vor wenigen Jahren. Chinas Bankensektor ist damit zweigeteilt: Nimmt man die Bankbilanzen zum Maßstab, ist die Branche gesund. Der außerbilanzielle Handel und der Schattenbankensektor nähren allerdings weiterhin die Befürchtung, dass die Institute wie auch die gesamte chinesische Wirtschaft auf einer tickenden Zeitbombe sitzen. (17)

Trends

Ethik-Banken haben Zulauf

Die Verwerfungen bis zur Finanzkrise 2008/2009 haben das Vertrauen der Menschen in den Bankensektor stark erschüttert, und dieses Misstrauen hält immer noch an. Banken, die ihr Handeln auf ethische Werte stützen, haben darum seitdem einen beträchtlichen Zulauf. So sollen sozial-ökologische Banken in Deutschland in den letzten Jahren bis zu 30 Prozent gewachsen sein. Auch im vergangenen Jahr zählten Ethik-Banken zu den am stärksten wachsenden Kreditinstituten in Deutschland. Einlagen und Kredite legten im Vorjahr um 19 Prozent zu, die Kundenzahl hat sich seit 2008 verdoppelt. In absoluten Zahlen spielen die Ethik-Banken allerdings immer noch eine sehr kleine Rolle im deutschen Kreditsektor. So liegt die Zahl der Kunden derzeit bei gerade einmal 277 000. Mittlerweile sind die Spezialbanken in zehn europäischen Ländern engagiert. (10)

Zahlen & Fakten

Abbildung 1:

Kehraus I: Wie die Deutsche Bank ihre Risiken

minimiert

Reduzierung von Altlasten bei der Deutschen Bank
Angaben quartalsweise in Milliarden Euro

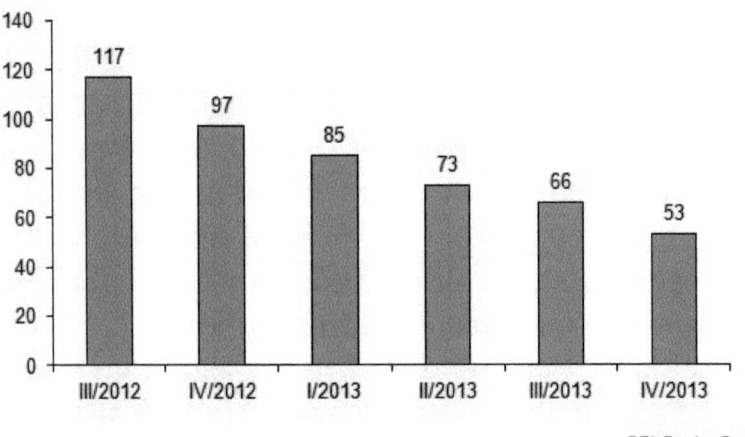

Quelle: Unternehmensangaben Entnommen aus: Wirtschaftswoche, 10.03.2014, Nr. 11, S. 60

Abbildung 2:

Kehraus II: Die Commerzbank kommt schneller voran als erwartet

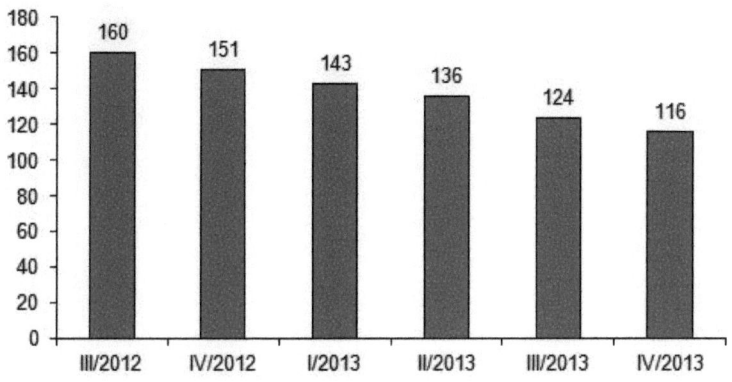

Reduzierung von Altlasten bei der Commerzbank
Angaben quartalsweise in Milliarden Euro

Quelle: Unternehmensangaben Entnommen aus:
Wirtschaftswoche, 10.03.2014, Nr. 11, S. 60

Abbildung 3: Halbierter Jahresgewinn

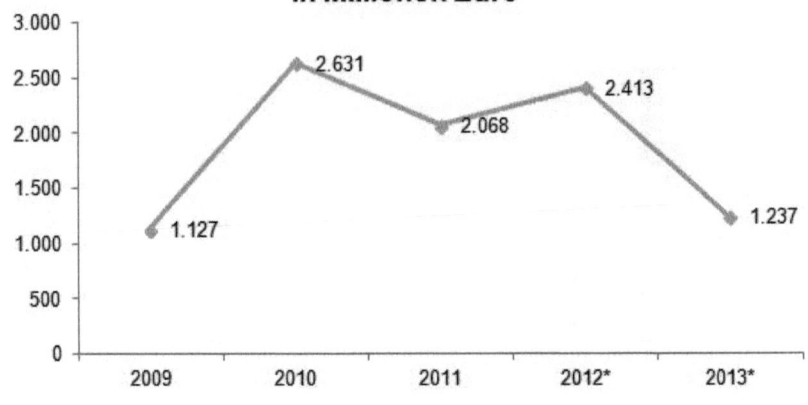

KfW - Entwicklung des Konzerngewinns in Millionen Euro

*= 2012 und 2013 mit geänderten Bewertungsmethoden   GBI-Genios Grafik

Quelle: KfW Entnommen aus: Börsen-Zeitung, 15.04.2014, Nr. 73, S. 2

Abbildung 4:

Regionalbanken genießen das größte Vertrauen

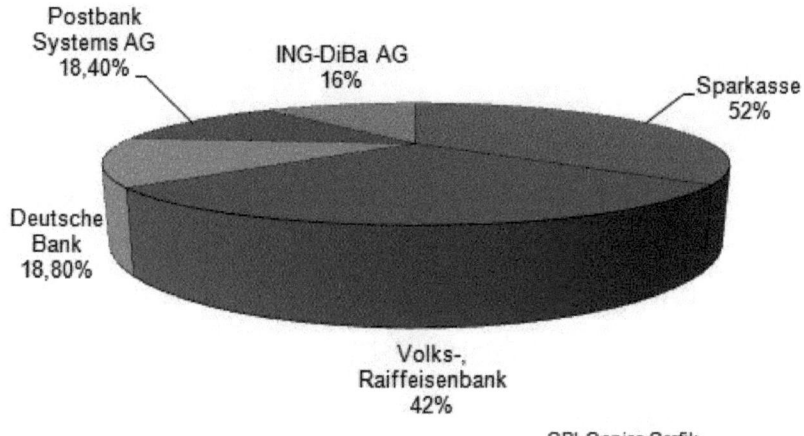

Die vertrauenswürdigsten Kreditinstitute 2013
Angaben in Prozent der Nennungen

Postbank Systems AG 18,40%

ING-DiBa AG 16%

Sparkasse 52%

Deutsche Bank 18,80%

Volks-, Raiffeisenbank 42%

GBI-Genios Grafik

Quelle: LINK Institut für Markt- und Sozialforschung
Entnommen aus: Horizont, 47/2013, S. 1

Weiterführende Literatur

(1) Wie fit sind Europas Banken?
aus VDI NR. 15-16 VOM 11.04.2014 SEITE 21

(2) Für die Bankenunion gut gerüstet
aus Die Bank, Heft 05/2014, S. 8-12

(3) Crashtest beunruhigt Europas Banken
aus Frankfurter Allgemeine Zeitung, 30.04.2014, Nr.
100, S. 15

(4) Deutsche Bank hält sich Kapitalerhöhung offen
aus manager-magazin.de vom 29.04.2014

(5) Deutsche Bank - Immer diese Sondereffekte
aus Zeitschrift für das gesamte Kreditwesen 04 vom
15.02.2014 Seite 162

(6) Commerzbank - Schrittchen für Schrittchen
aus Zeitschrift für das gesamte Kreditwesen 05 vom
01.03.2014 Seite 218

(7) Die Förderbanken des Bundes
aus Zeitschrift für das gesamte Kreditwesen 10 vom
15.05.2014 Seite 519

(8) Voll versenkt
aus Welt am Sonntag, 23.02.2014, Nr. 8, S. 36

(9) Duell der Landesbanken
aus Handelsblatt Nr. 067 vom 04.04.2014 Seite 032

(10) Zulauf dank Finanzkrise
aus Die Bank, Heft 02/2014, S. 55-57

(11) "Unsere Institute sind gut gerüstet" Fahrenschon
sieht keinen zusätzlichen Kapitalbedarf für
Landesbanken - Sparkassen steigern
Jahresüberschuss und stärken Substanz
aus Börsen-Zeitung, 21.03.2014, Nummer 56, Seite 3

(12) Deutsche Genossenschaftsbanken erzielen
Mitglieder- und Marktzuwächse bei stabiler
Ergebnisentwicklung

aus news aktuell, 2014-03-12

(13) DZ Bank machte 2013 doppelt so viel Gewinn wie die Deutsche Bank
aus APA-JOURNAL Geld vom 05.03.2014

(14) WGZ Bank baut für Stresstest vor Kapitalerhöhung um 300 Mill. Euro - Zielquote 12 Prozent - Mehr Dividende trotz rückläufigem Ergebnis
aus Börsen-Zeitung, 20.03.2014, Nummer 55, Seite 3

(15) Bausparkassen suchen die Balance
aus Immobilien Zeitung Nr. 09 vom 06.03.2014 Seite 1, 4

(16) US-Großbanken mit guten Risikoprofilen
aus Die Bank, Heft 02/2014, S. 8-12

(17) China stresst die Banken Notenbank bescheinigt Instituten hohe Krisenfestigkeit - Eigenkapitalaufbau wird dennoch zum Thema
aus Börsen-Zeitung, 03.05.2014, Nummer 84, Seite 4

Impressum

Branchenreport BANKEN Ausgabe 1/2014

Bibliografische Information der deutschen Nationalbibliothek

Die Deutsche Nationalbibliothek verzeichnet diese Publikation in der deutschen Nationalbibliografie; detaillierte bibliografische Daten sind im Internet über http://dnb.d-nb.de abrufbar.

ISBN: 978-3-7379-5657-4

© 2015 GBI-Genios Deutsche Wirtschaftsdatenbank GmbH, Freischützstraße 96, 81927 München, www.genios.de

oder ähnliche Einrichtungen und die Einspeicherung und Verarbeitung in elektronischen Systemen.